# Le petit facteur

Mylène Auquière

casterman

Autres titres de la collection

*Bricolages de plein air,* Ute et Tilman Michalski
*Modelages,* Schäl- Abdalla-Wiesner
*Jeux, sons et chansons,* D. Kreusch-Jacob
*Bricolages de Pâques,* S. Lohf
*Bricolages de Noël,* G. Teusen
*Pâte à sel facile,* B. Theulet-Luzié
*Bricolage recyclage,* B. Theulet-Luzié
*La petite fabrique d'ours,* B. Theulet-Luzié
*Bricolage Nature,* B. Theulet-Luzié
*Créations en toutes lettres,* V. Guillaume

Créations, textes et illustrations : Mylène Auquière

Photos : Studio Nandinia

Conception graphique : Karien Herreman



ISBN 2-203-14929-9

# Table des matières

# Conseils techniques

**Pour reproduire un modèle dessiné dans le livre**
*Matériel :* papier-calque crayon carton

1. Posez le calque sur le modèle donné dans le livre.

2. Décalquez le modèle.

3. Découpez celui-ci en suivant précisément votre tracé.

4. Posez votre modèle en calque sur le carton du bricolage.

5. Tracez les contours du modèle sur le carton. Vous obtiendrez ainsi autant de modèles que vous désirez pour le bricolage.

Pour utiliser **un cutter**, la présence ou l'aide d'un adulte est recommandée.

Pour **coller 2 pièces** ensemble, enduisez de colle les 2 surfaces à assembler.

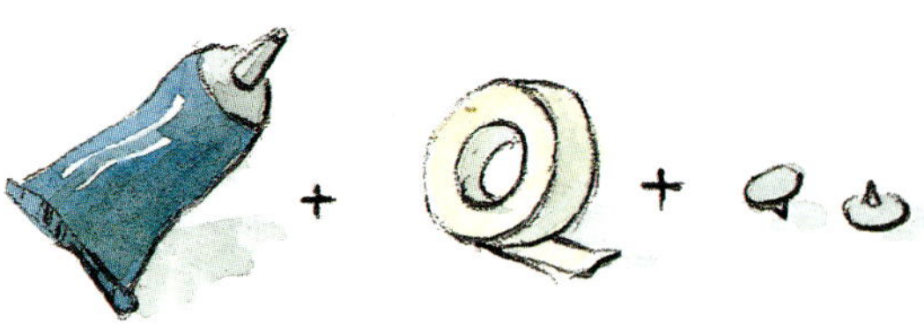

Attendez quelques secondes et assemblez-les en les maintenant bien serrées un instant. Si toutefois la colle ne suffisait pas, n'hésitez pas à renforcer le collage avec du papier collant ou des punaises. Veillez à camoufler ceux-ci.

**Le papier mâché**

*Matériel :* ✗ eau ✗ papier journal ✗ colle à tapisser ✗ seau ✗ cuillère en bois

1. À l'aide de la cuillère en bois, mélangez 450 cl d'eau avec 25 g de colle à tapisser dans le seau (ou suivant ce qui est indiqué sur la boîte de colle). Mélangez énergiquement pour faire disparaître les grumeaux.

2. Déchirez des bandelettes d'environ 2 cm de large dans un journal (déchirez plusieurs feuilles à la fois).

3. Avec des ciseaux, découpez ces bandelettes en tout petits morceaux que vous laissez tomber dans la colle. Plus les morceaux sont petits, meilleur sera le papier mâché.

4. Mélangez la colle avec le papier au fur et à mesure des découpes.

5. Continuez jusqu'à obtention d'une pâte homogène et épaisse. Le papier journal doit avoir entièrement absorbé la colle pour que le papier mâché soit bien malléable.

Lorsque vous utilisez **la gouache**, ne prenez pas simplement la couleur telle qu'elle sort du pot. Faites vos propres mélanges dans de petits récipients de récupération (par ex. pots à yaourt,...).

Il est préférable d'utiliser du **papier collant mat** afin de pouvoir le peindre.

# Petit historique

**Les messages** existent depuis longtemps. Ils sont nés sous différentes formes. Avec le temps, leur diffusion s'est diversifiée et s'est accélérée.

Très tôt, on a utilisé les signaux visuels ou sonores : **le tam-tam**, **les nuages de fumée**,… Plus tard seulement, le message est devenu **écrit**.

Il a alors été transporté par des messagers d'abord à pied et ensuite à **cheval** (cf. création p. 20).

arrivée de **la diligence** a alors permis de ansporter plus de messages à la fois. lus tard encore, **les chemins de fer** ont favorisé s échanges rapides (cf. création p. 28).

a voie des airs, grâce aux **pigeons voyageurs**, ut également utilisée (cf. création p. 32).

ujourd'hui une multiplicité de **moyens echniques**, voitures (cf. création p. 50), trains, vions et bateaux, aident l'homme à distribuer es milliards de messages écrits à travers le mone. Ces envois, vous pouvez les rendre plus chaureux en y mettant un grain de créativité.

Suivez-moi à travers ces pages, vos mots seront plus doux et plus sympa, foi de petit facteur !

# Courrier jour et nuit

papier blanc ou de couleur (A4)
gouache ✕ pinceau
ciseaux ✕ crayon ✕ règle plate

**1** Tracez légèrement une ligne juste au milieu de la longueur d'une feuille.

**2** Rabattez les 2 petits côtés vers cette ligne.

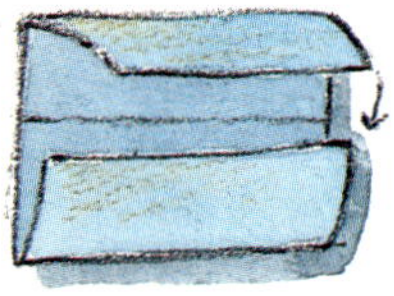

**3** Tracez une ligne dans l'autre sens au milieu de ce pliage.

**4** Rabattez les 2 petits côtés vers cette ligne.

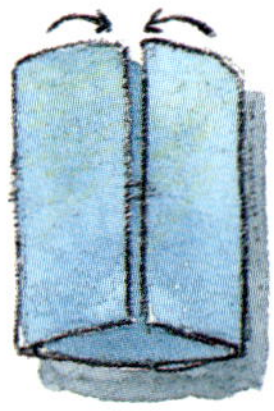

**5** Dépliez la feuille et coupez les coins à partir des plis.

**6** Repliez la feuille et peignez-y un soleil.

**7** Dépliez le volet avec le soleil et peignez une lune sur le volet suivant.

**8** Écrivez votre lettr à l'intérieur du pliage.

# Carte ribambelle

vieux magazines × papier blanc (format A4) × carton × ciseaux
colle × peinture acrylique (ou gouache) × pinceaux × papier collant

## Carte ribambelle

**1** Placez 2 feuilles A4 petit bord contre petit bord.

**2** Collez-les ensemble sur toute la largeur avec du papier collant (les feuilles ne peuvent pas se chevaucher).

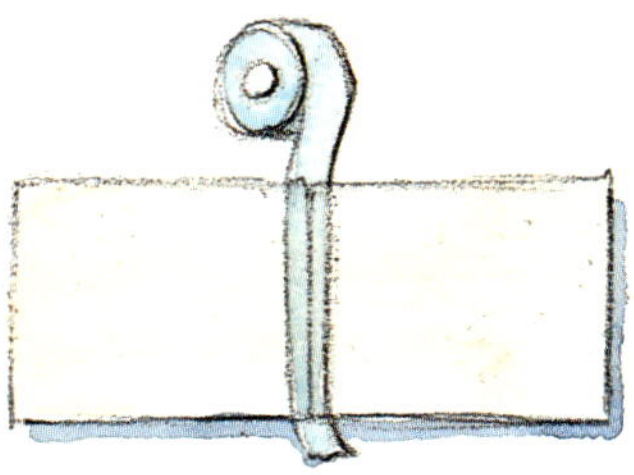

**3** Pliez les 2 feuilles l'une sur l'autre.

**4** Pliez-les encore 2 fois dans le même sens.

**5** Laissez la feuille pliée et coupez-la en deux juste au milieu de sa longueur.

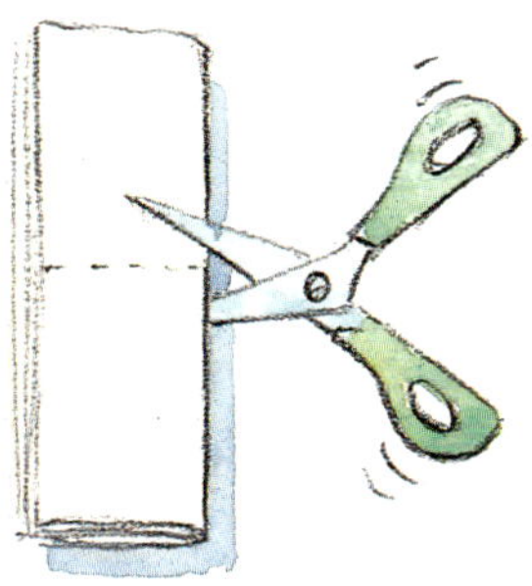

**6** Découpez des petits demi-cercles sur tout le contour d'un pliage. Laissez un petit espace entre chaque demi-cercle.

**7** Dépliez la ribambelle.

**8** Découpez un rectangle de 6 x 8,5 cm dans le carton.

**9** Déchirez des pages de magazines dont vous aimez les motifs : morceaux de textes, photos de tissus, de paysages, de meubles, de peintures,…

**10** Posez le rectangle sur un de ces motifs.

**11** Tracez les contours du carton sur le magazine.

**12** Découpez le rectangle.

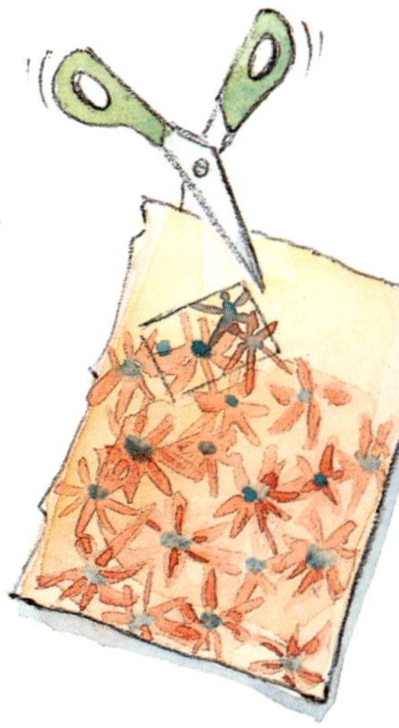

BCDEFGHIJKLMNOPQRSTUVWXYZ

3 Découpez ainsi 16 rectangles ifférents.

4 Tracez les contours d'une ttre sur chaque ctangle de manière à crire ***HAPPY BIRTHDAY***. nspirez-vous du modèle e lettres donné ci-joint u créez votre propre ttrage.

15 Choisissez une couleur qui ressort bien sur le premier rectangle et peignez celui-ci en contournant la lettre.

16 La couleur ne doit pas être répartie uniformément. Laissez des endroits où le motif apparaît par transparence et/ou rajoutez une deuxième couleur par endroits.

17 Recommencez la même chose pour chaque lettre.

18 Collez chaque lettre à sa place sur la ribambelle avec ***HAPPY*** d'un côté et ***BIRTHDAY*** de l'autre.

19 Peignez des flèches sur les 3 cases restantes du côté de ***HAPPY*** ou inscrivez-y votre message et votre nom.

20 Construisez une petite enveloppe au format de la carte en suivant la technique expliquée p. 8.

PS

La ribambelle peut être utilisée comme carte de Noël, de Pâques,… ou pour écrire un message plus personnel. Le format peut lui aussi être modifié.

# Cachets

bouchon de liège × carton fort × lettres en pâte alimentaire × peinture acrylique ou gouache × colle forte × pinceau × tampon encreur ou encre × ciseaux × vernis

## Principe de base

**1** Choisissez un message pour votre cachet.

**2** Découpez un rectangle dans le carton. Ses dimensions varient suivant la longueur du message choisi.

**3** Arrondissez les angles.

**4** Collez un bouchon au centre du rectangle.

**5** Peignez le cachet entièrement.

**6** Collez les lettres une à une sur le cachet. (ici : ***TOP SECRET***)
Attention : n'oubliez pas de les coller dans le sens inverse de la lecture.

**7** Vernissez le cachet entièrement.

**8** Pour utiliser le cachet, posez la feuille à imprimer sur un support souple (gros tissus, mousse néoprène,...) et utilisez un tampon encreur (ou appliquez de l'encre au pinceau sur les lettres).

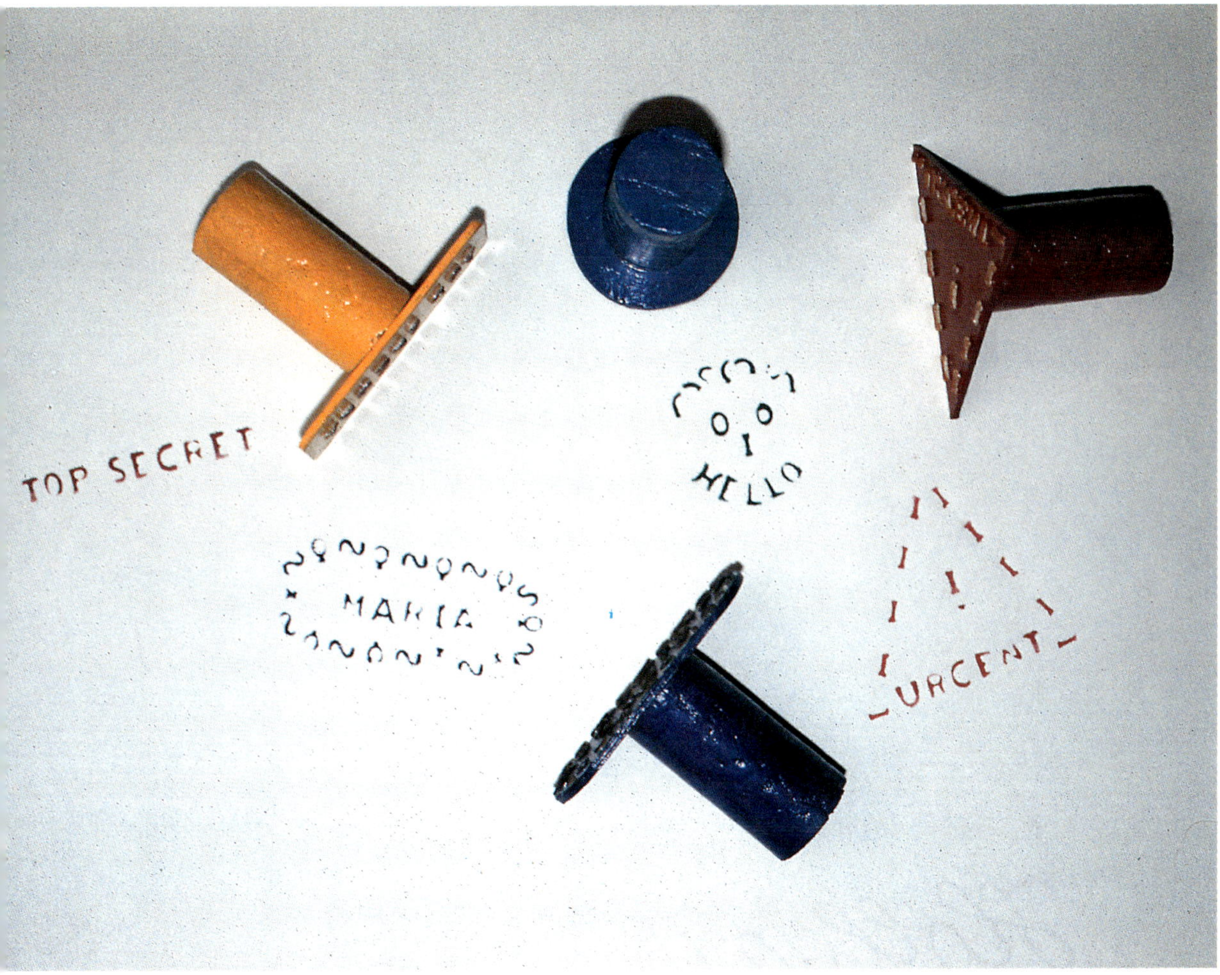


## Autres possibilités

- Donner une autre rme au cachet : nd, triangle, ovale, …
- Disposer les lettres de manière à former un dessin.

# Cartes recyclées

pinceau large × colle à tapisser × plaque support lisse
papier journal × cutter × règle × feuilles d'arbres × images
photos × dessins de vieux magazines
restes de la fête de Noël (rubans, serviettes, photos…)

## Avec les feuilles d'arbres

**1** Déchirez les papiers de soie blancs. Recouvrez votre support de colle avec le pinceau et collez-y les papiers sur toute la surface. Remettez une deuxième couche par endroits pour que cela soit moins transparent. (C'est le côté sur lequel vous écrirez.)

**2** Collez quelques feuilles d'arbres sur cette couche de papier de soie.

**3** Déchirez des morceaux de papier journal et collez-les de la même manière par-dessus. Mettez-en au moins 2 couches ainsi que des morceaux de carton fin pour que les cartes soient assez épaisses.

**4** Pour la dernière couche, collez encore quelques feuilles d'arbres et des morceaux de papier de soie (blanc ou couleur). Ils peuvent recouvrir les feuilles d'arbres par endroits.

**5** Laissez sécher un ou deux jours.

**6** Quand c'est sec, détachez le tout de la plaque et laissez encore sécher l'autre côté si nécessaire.

**7** Découpez-y des rectangles au format carte postale (10,5 x 15 cm) en choisissant les morceaux que vous préférez.

**8** Les cartes sont finies. Vous pouve y écrire avec un marqueur du côté du papier de soie blanc. Un marqueur doré donne un très bel effet.

## Avec des images

Vous pouvez faire la même chose en remplaçant les feuilles d'arbres par des images choisies que vous découpez ou déchirez dans de vieux magazines ou dans des vieilles cartes.

## Pour Noël

Si vous voulez envoyer des cartes de Noël, employez des matériaux qui vous font penser à la fête, par exemple des rubans d'emballage cadeaux. Laissez aller votre imagination pour inventer des cartes très personnelles.

**PS**

Vous pouvez trouver d'autres matériaux à employer avec la même technique : papiers et cartons de couleur, vieilles cartes routières, emballages d'aliments, partitions de musique, dentelles de papier...

# Messager à bascule

1 boîte de camembert ✕ 1 grosse bille ✕ carton
colle forte ✕ ciseaux ✕ papier collant
ficelle ✕ gouache ✕ pinceau

**1** Coupez la boîte de camembert en deux en son milieu.

**2** Glissez la bille dans une moitié que vous rebouchez avec un morceau de carton et du papier collant sur tout le tour. Le papier collant doit être non plastifié afin de pouvoir être peint.

**3** Découpez les formes suivantes pour la tête du cheval dans le carton (cf. patron p. 52).

**4** Collez les morceaux ensemble en suivant l'ordre donné.

**5** Collez la tête du cheval sur la boîte de camembert.

**6** Attachez quelques morceaux de ficelle ensemble pour la queue et collez-la avec du papier collant.

**7** Peignez le cheval entièrement.

8 Découpez les parties du corps du facteur comme suit (cf. patron p. 52).

9 Peignez chaque partie recto verso.

10 Assemblez les parties supérieures du corps du facteur et collez-les sur le cheval.

11 Collez ses jambes sur chaque côté du cheval.

12 Attachez un morceau de ficelle à la bouche du cheval et à une main du facteur. Accrochez-y des petits rectangles de papier et collez une petite enveloppe dans l'autre main.

# Enveloppes faciles

enveloppe (format standard) ✕ vieux magazines
carton ✕ ciseaux ou cutter et règle ✕ colle
crayon ✕ papier collant

**1** Décollez les rabats de l'enveloppe. (Le modèle proposé ci-dessous est le plus compact et s'utilise donc plus facilement.)

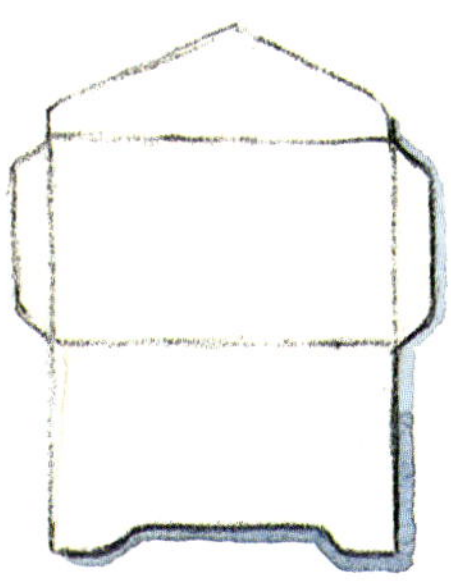

**2** Posez l'enveloppe dépliée sur un carton.

**3** Tracez précisément les contours de l'enveloppe sur le carton.

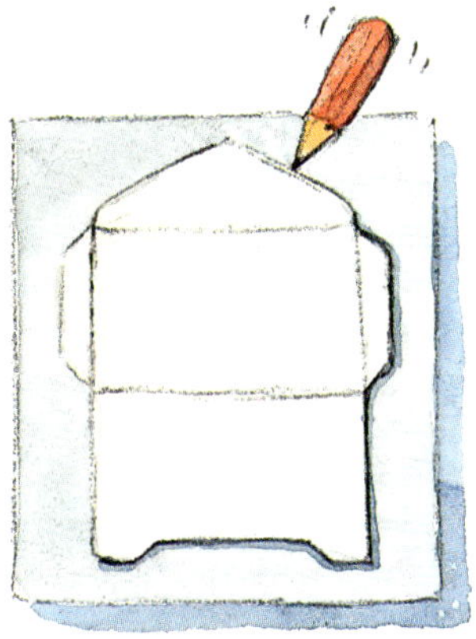

**4** Découpez le modèle en carton en suivant très précisément votre tracé (vous obtiendrez de plus belles droites avec un cutter et une règle).

**5** Posez votre modèle en carton sur une page de magazine choisie.

**6** Tracez les contours du modèle.

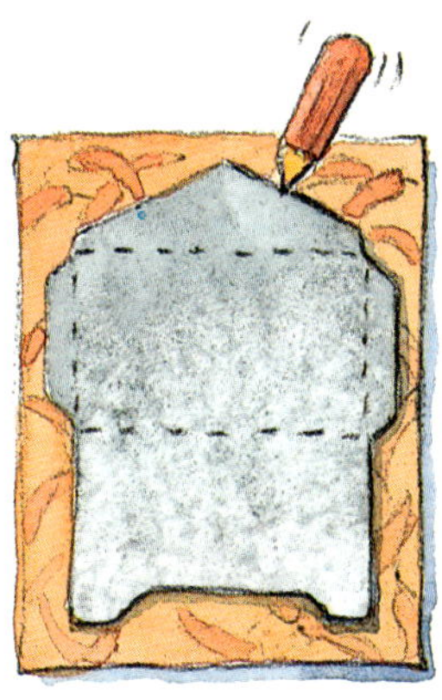

**7** Découpez l'enveloppe.

**8** Encollez les 2 languettes prévues.

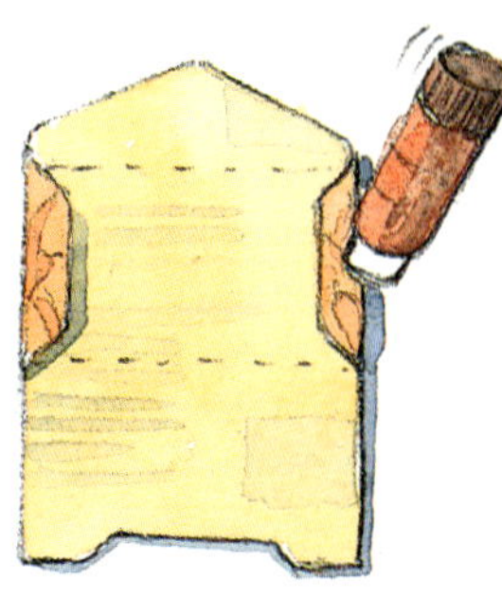

Faites-vous une réserve d'enveloppes pour toutes les occasions et gardez votre modèle en carton : vous pourrez le réutiliser.

9 Si les motifs de l'enveloppe sont rop foncés, collez un norceau de papier sur 'emplacement de 'adresse.

# Oiseau sur un fil

pinces à linge (en bois) × mousse néoprène (ou carton) × colle forte × crayon × ciseaux

1 Choisissez des couleurs pour toutes les parties de l'oiseau.

2 Reportez séparément les parties du corps de l'oiseau sur les couleurs de mousses choisies (cf. conseils techniques p. 8).

3 Découpez-les.

4 Collez-les ensemble en suivant l'ordre donné ci-dessous.

**PS** On trouve les mousses néoprènes dans les magasins de bricolage. Celles-ci peuvent être remplacées par du carton à peindre mais il se découpe moins facilement.

**5** Choisissez quelques éléments lécoratifs (points, ayures,...) et collez-les ur l'oiseau.

**6** Collez l'oiseau sur la pince à linge.

**7** Réalisez ainsi plusieurs oiseaux en changeant chaque fois les couleurs et les éléments décoratifs.

**8** Attachez un fil au mur avec 2 clous et accrochez-y vos cartes postales grâce aux pinces à linge oiseaux.

# Porte-cartes

papier de soie blanc × encres (aquarelles liquides) jaunes et plusieurs bleus × ciseau[x] une grande boîte en carton × pinceau large × cutter + règle plate × ficelle colle blanche + colle forte × agrafeuse

## Le panneau

1 Découpez un morceau de carton de 40 x 60 cm

2 Recouvrez entièrement une face avec la colle blanche.

3 Collez-y la feuille de papier de soie en la laissant se froisser un peu. Rabattez les bords qui dépassent, et collez-les au dos du carton.

4 Peignez une zone choisie en jaune et recouvrez ensuite toute la surface du panneau avec des bleus différents.

5 Déchirez un rond de 10 à 15 cm dans le papier de soie blanc et collez-le sur le panneau.

6 Découpez 4 morceaux de ficelle de 60 cm.

7 Agrafez le premier sur les deux côtés latéraux à environ 1 cm du bord. Laissez 6 cm à partir du bord supérieur et espacez les suivants de 10 cm.

**8** Pour le cadre, découpez des bandes de carton de 5 cm de large : 2 de 46 cm de long et 2 de 55 cm.

**9** Collez-les sur le contour du panneau. Elles doivent dépasser et cacher les agrafes.

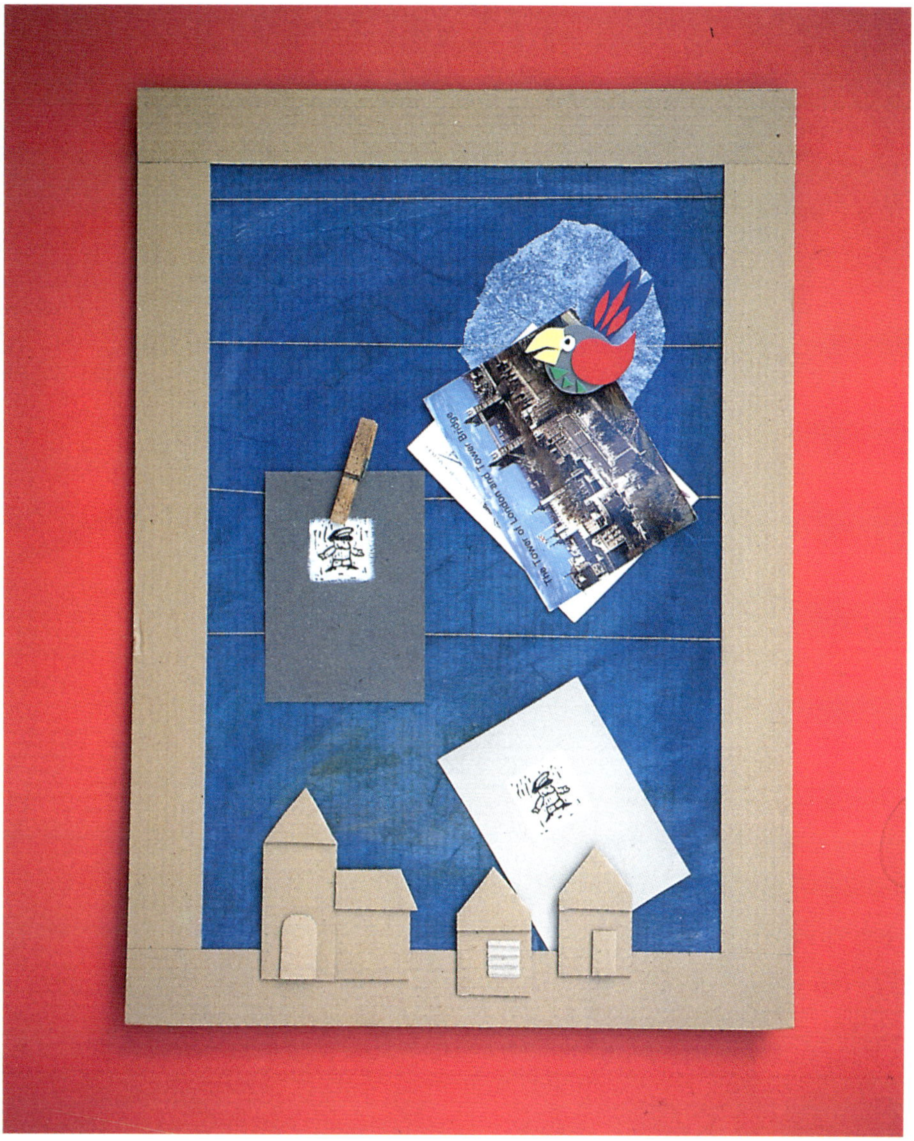

## La décoration

**10** Dans le reste des bandes de 5 cm, découpez des rectangles de hauteurs différentes (de 5 à 10 cm) et des toits.

**11** Collez les toits sur les maisons. Ajoutez des fenêtres et des portes suivant votre imagination.

**12** Disposez les maisons sur la partie inférieure du cadre et collez-les.

**PS** Vous pouvez réaliser un panneau encore plus grand que les dimensions données pour y accrocher plus de cartes. Créez les maisons suivant votre imagination en y ajoutant vos propres détails !

# Train postal

papiers cartonnés de couleur
ciseaux x colle x crayon

**1** Découpez 4 rectangles de 11 x 6,5 cm dans une ou plusieurs couleurs, ce sont les wagons de votre locomotive.

**2** À partir d'un cinquième rectangle du même format, ajoutez la cabine et la cheminée pour la locomotive (cf. modèle).

**3** Découpez la locomotive, ainsi qu'une fenêtre dans la cabine.

**4** Tracez 10 roues sur un papier d'une autre couleur, en contournant votre pot de colle par exemple.

**5** Découpez-les et collez-les toutes à la même hauteur sur la locomotive et les wagons. Attention ! la hauteur totale de la locomotive ne doit pas dépasser la hauteur d'une enveloppe (11,5 cm).

**6** Alignez les wagons et la locomotive. Attachez-les en collant des petits rectangles de couleur. Laissez 1 cm entre chaque wagon.

**7** Pliez le train en accordéon avec la locomotive au-dessus.

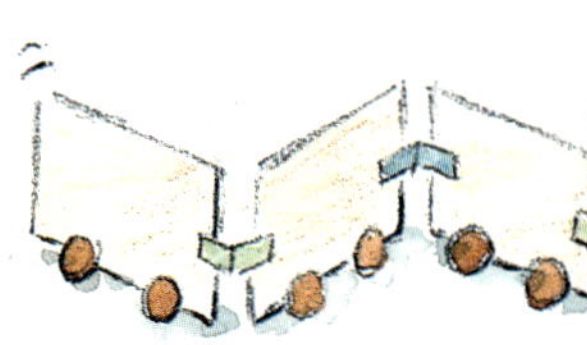

PS

Le train peut être décoré
de fenêtres,
de personnages.

**8** Fabriquez une enveloppe assortie (cf. p. 22) et collez-y un mini-train.

**9** Il n'y a plus qu'à écrire votre message au dos du petit train.

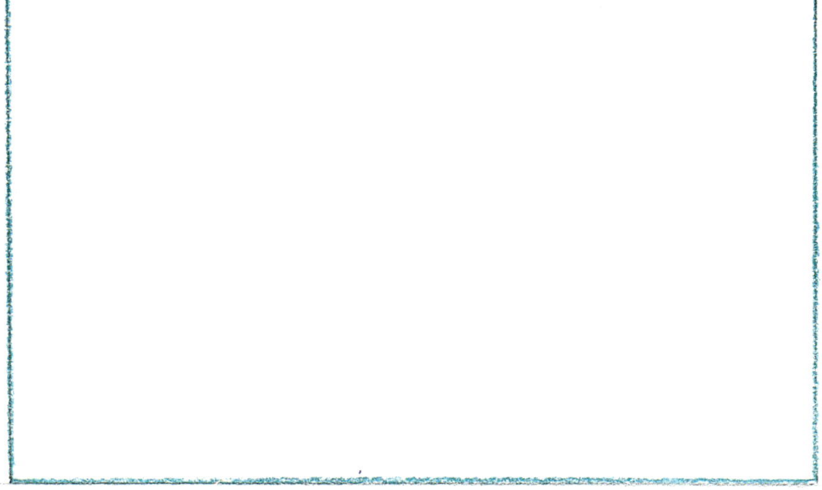

# Broches timbrées

vieux timbres ✗ carton ondulé ✗ carton fort ✗ cutter
épingles à nourrice ✗ crayon ✗ bâtonnets à brochettes
colle forte ✗ ciseaux ✗ vernis ✗ pinceau ✗ papier collant

## Technique de base

**1** Tracez un carré d'environ 5 cm de côté sur le carton ondulé.

**2** Découpez-le avec un cutter et une règle ou des ciseaux.

**3** Enduisez entièrement le carré du côté ondulé avec de la colle forte.

**4** Enduisez le verso d'un timbre avec la colle (ne pas oublier les bords et les coins).

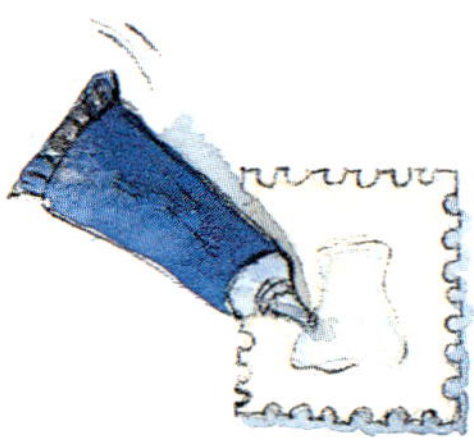

**5** Collez le timbre sur le carton ondulé. Aidez-vous des bâtonnets à brochettes pour bien coller le timbre dans les creux du carton.

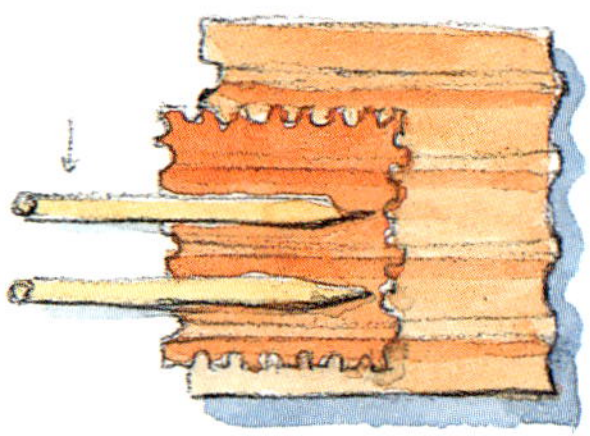

**6** Recommencez cette opération jusqu'à ce que la surface de la broche soit entièrement recouverte.

**7** Découpez les morceaux de timbres qui dépassent de la broche avec des ciseaux.

**8** Tracez le contour de la broche sur du carton fort.

**PS**

Si vous ne trouvez pas de carton ondulé prêt à l'emploi, il y en a dans de nombreuses caisses d'emballage. Le carton ondulé y est collé entre deux minces couches de carton. Il n'est pas difficile de décoller l'une des deux couches en s'aidant d'un cutter.

**9** Découpez-le et collez-le au verso de la broche pour renforcer celle-ci.

**10** Collez une épingle à nourrice sur le dos de la broche avec du papier collant.

**11** Vernissez la broche.

## Autres possibilités

- ✗ Une forme différente d'un carré pour la broche (ex. : un triangle).
- ✗ Découpez une forme dans la broche.
- ✗ Peignez le carton et laissez des parties peintes apparentes.
- ✗ Collez 2 formes de carton ondulé l'une sur l'autre.

# Pigeons voyageurs

crayon × cutter × papier collant

carton fort × fil nylon × fil à coudre blanc

peinture acrylique ou gouache × pinceau

vernis × branche d'arbre × papier fort × papier mâché

## Les pigeons

**1** Tracez la forme du corps et des ailes du pigeon sur le carton fort en suivant le modèle donné (cf. conseils techniques p. 8).

**2** Dessinez-le 6 fois en tout.

**3** Découpez les pigeons avec un cutter.

**4** Collez une aile sur un pigeon avec du papier collant en tendant bien celui-ci afin d'étirer l'aile vers le haut.

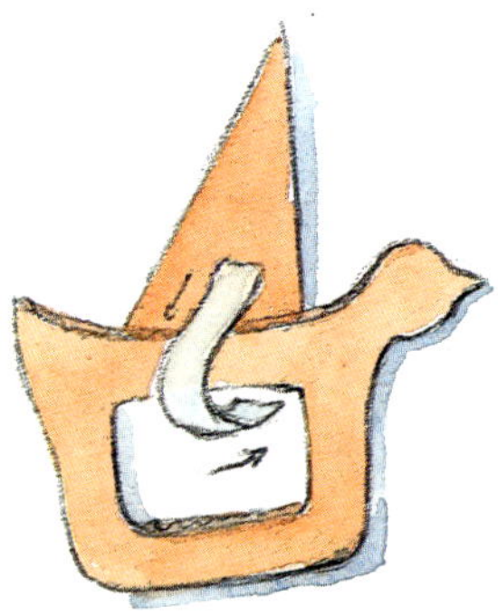

**5** Attachez l'autre aile. Il est important que les ailes soient solidement attachées.

**6** Assemblez les 5 autres pigeons de la même manière.

**7** Recouvrez entièrement un de ces pigeons avec le papier mâché. (Voir p.9)

**8** Donnez plus de volume à la tête et au corps. Le carton doit entièrement disparaître sous le papier mâché.

**9** Recourbez un peu les ailes vers le bas ou vers le haut.

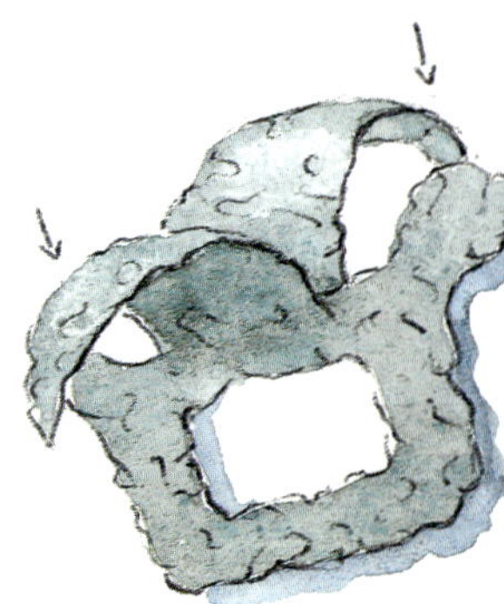

**10** Posez délicatement le pigeon terminé sur une règle plate entre 2 récipients de même hauteur.

**11** Recommencez la même chose pour les autres pigeons.

**12** Laissez sécher les oiseaux pendant un jour ou deux.

**5** Vernissez tous les pigeons avec un pinceau.

**6** Laissez sécher.

**7** Accrochez les enveloppes aux ventres des pigeons avec le fil à coudre.

## Les enveloppes

**1** Découpez 6 rectangles plus petits que l'ouverture du ventre des pigeons dans le papier fort (les enveloppes peuvent bien entendu être en papier mâché aussi).

**2** Inscrivez-y un petit message.

## Finition

**1** Coupez 10 morceaux de fil nylon d'environ 60 cm de long.

**2** Nouez un fil nylon autour de chaque oiseau en le croisant en dessous et entre les ailes. Terminez par un nœud solide entre les 2 ailes.

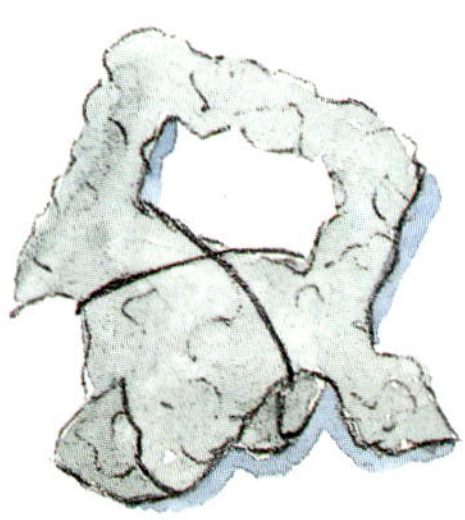

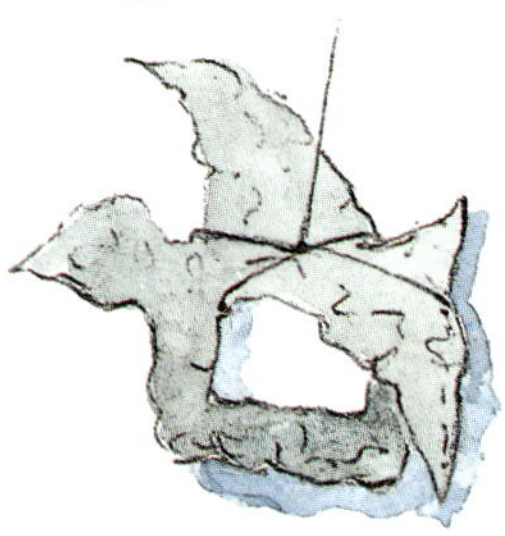

**3** Peignez chaque oiseau entièrement ou laissez-les tels qu'ils sont.

**4** Peignez les yeux et le bec sur la couleur sèche.

**8** Accrochez les pigeons à une jolie branche d'arbre.

**9** Suspendez la branche avec un fil nylon.

# Colis souriant

- 1 post pac
- pommes de terre
- petit couteau
- gouache ✗ pinceau

1 Peignez le post pac entièrement.

2 Coupez une pomme de terre n deux.

3 Coupez les arrondis pour aire 2 rectangles.

4 Gravez un visage dans le rectangle vec le petit couteau. ,es parties dessinées n noir apparaîtront lanches lors de 'impression.

5 Choisissez une couleur et couvrez-en le cachet avec le pinceau.

6 Imprimez le cachet sur le post pac.

7 Répétez l'opération avec une ou plusieurs autres couleurs. Superposez parfois deux couleurs.

8 L'autre moitié de pomme de terre peut être imprimée comme surface unie ou avec un autre motif.

PS

Il existe également des colis postaux sous forme de rouleau pour envoyer de grands dessins.

# Soleil levant

papier cartonné de couleur
(bleu, jaune, blanc)

ciseaux/cutter ✗ colle
règle plate ✗ crayon

**1** Découpez 3 rectangles dans le papier bleu :
- ✗ la carte : 21 x 15 cm
- ✗ le cache : 12,5 x 7 cm
- ✗ la languette : 8 x 2 cm

**2** Pliez la carte en deux au milieu de sa longueur.

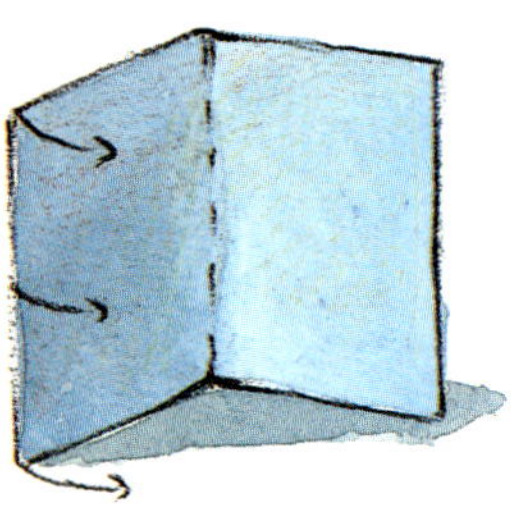

**3** Tracez une ligne (**A**) au crayon à 2,5 cm à gauche du pli de la carte

**4** Coupez une fente oblique de 1,5 cm entre cette ligne et le pli à environ 6 cm du bas.

**5** Encollez la languette et pliez-la dans le sens de la longueur.

**6** Glissez la languette dans la fente de la carte en l'enfonçant de environ 1,5 cm.

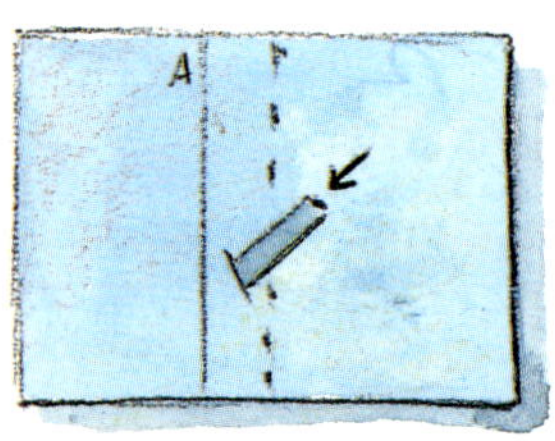


**7** Pliez vers le haut ce morceau qui dépasse et collez-le.

PS Le même système peut également être utilisé pour une fleur qui pousse, un poisson qui sort de l'eau, un animal derrière un buisson…

**8** Pliez le cache vers l'arrière le long les trois lignes comme ndiqué ci-dessous. (cf. patron, p. 52)

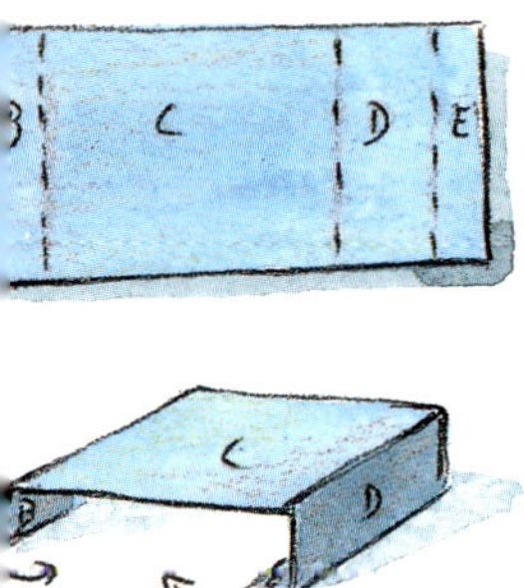

**9** Encollez la partie **B**. Collez-la le long de la ligne **A** de la carte. Encollez la partie **E**. Rabattez-la vers l'arrière et collez-la sur la carte bien à plat. Vérifiez que la carte et le cache se plient bien ensemble.

**10** Découpez le soleil en jaune et collez-le sur la languette. Il doit être visible lorsque la carte est ouverte et disparaître derrière le cache quand on ferme celui-ci.

**11** Découpez et collez les nuages blancs à l'extérieur de la carte, dont un sur la languette qui dépasse pour la cacher.

# Mange-timbres

6 petites boîtes d'allumettes x 1 grande boîte d'allumettes
carton x vieux timbres x papier rouge
ficelle x gouaches x pinceau
ciseaux x colle forte x papier collant

1 Choisissez 3 couleurs et peignez entièrement 2 boîtes dans chacune d'elles, ainsi que la grande boîte.

2 Découpez la queue, la crête, les yeux et les narines dans le carton (cf. modèle ci-joint et conseils techniques p. 8).

3 Peignez-les (recto verso) avec les mêmes couleurs que les boîtes (sauf les yeux en blanc) et ajoutez-y tous les détails au pinceau.

4 Alignez toutes les boîtes d'allumettes : la grande en longueur et les autres en largeur. Déposez un long morceau de ficelle dessus. Fixez-le sur chaque boîte avec du papier collant (laissez environ 1,5 cm entre elles).

5 Retournez les boîtes et collez-y les pièces en carton.

6 Collez une langue en papier rouge entre les dents.

7 Collez quelques timbres sur les boîtes d'allumettes et intervertissez les tiroirs de boîtes pour mélanger les couleurs.

8 Le mange-timbres est prêt, il ne reste plus qu'à y ranger vos timbres.

# Carte porte-bonheur

papiers cartonnés de couleur
(bleu, vert clair et foncé) x colle
crayon x ciseaux

**1** Découpez un rectangle de 10,5 x 15 cm dans le papier bleu.

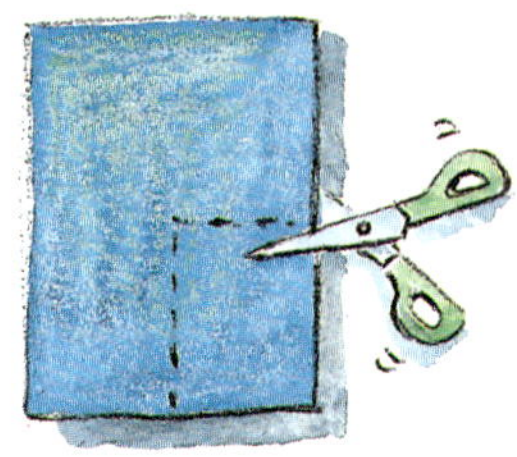

**2** Tracez un carré de 6 cm de côté sur le papier vert foncé. Dessinez de l'herbe sur un côté et des languettes sur les 3 autres (cf. conseils techniques p. 8).

**3** Découpez-le.

**4** Pliez les languettes et encollez-les.

**5** Collez l'herbe sur la carte.

**6** Reportez le trèfle sur le apier vert clair (cf. onseils techniques p. 8) : découpez-le.

**7** Glissez le trèfle dans la carte.

**8** Inscrivez votre petit message de bonheur au dos du trèfle et proposez à votre destinataire de le glisser dans son porte-monnaie.

## Autres possibilités

- ✗ Glisser plusieurs trèfles de la part de personnes différentes dans une carte.
- ✗ Remplacer le trèfle par une fleur.

# Cachets d'animaux

mousse néoprène × morceaux de bois × ciseaux
colle × petit clou × tampon encreur × perforatrice

**1** Dessinez l'animal que vous voulez à partir d'une forme géométrique simple. Ajoutez ensuite tous les petits éléments qui caractérisent l'animal. Des exemples :

avec un carré

La grenouille

Le cochon

avec un rectangle

Le chat

Le lapin

avec 2 demi-cercles

Le poisson

**2** Dessinez votre animal sur de la mousse néoprène et découpez son contour.

**3** Pour les détails : les yeux peuvent être découpés à la perforatrice, les bouche et nez au cutter, et les petits trous (yeux de la grenouille et groin du cochon) sont faits avec un clou.

**4** Choisissez un morceau de bois n peu plus grand que tre animal et collez lui-ci dessus. Certaines rties (oreilles du lapin u du cochon, bulles du oisson, …) sont collées parément.

**5** Le cachet est prêt. Utilisez un tampon encreur pour imprimer.

**PS** Ces petits cachets peuvent faire de jolis cadeaux.

# Papier à lettres

feuilles de couleur x papier de soie x cachets (cf. p. 44)

gouaches x pinceaux x ciseaux x colle

**1** Prenez du papier de soie assorti au papier de couleur.

**2** Découpez quelques petits carrés dans le papier de soie.

**3** Collez-en un sur chaque feuille dans le coin supérieur gauche.

**4** Avec le pinceau, enduisez légèrement le cachet de gouache.

**5** Imprimez le cach sur les feuilles préparées, à l'endroit d' carré de papier de soie.

**6** Répétez les même opérations pour faire des enveloppes assorties.

## Autres possibilités

✗ Découper une autre forme dans le papier de soie.

✗ Imprimer le cachet directement sur la feuille, sans papier de soie.

✗ Imprimer plusieurs fois le cachet sur la même feuille.

✗ Utiliser des cachets en pomme de terre (cf. p. 16) plutôt que des cachets en mousse néoprène.

# Carte puzzle

**1** Découpez un rectangle de 15 cm de large et de 16 cm de haut dans le carton (pour faciliter les découpes, celui-ci ne doit pas excéder 1 mm d'épaisseur).

**2** Reportez la ligne décorative avec le sapin sur le carton à 5,5 cm du bord inférieur.

**3** Découpez cette ligne avec des ciseaux ou un cutter, selon l'épaisseur de votre carton.

**4** Détachez les 2 cartes.

**5** Tracez un contour au crayon sur la première carte à 1 cm du bord pour les lignes **A** et **B** et à 2 cm pour la ligne **C**.

**6** Peignez la première carte à l'intérieur du contour en bleu (ou dans la couleur de votre choix).

Pour obtenir des bords réguliers, aidez-vous d'une feuille de papier que vous maintenez successivement sur les lignes à ne pas dépasser et peignez par-dessus. La couleur doit être assez épaisse.

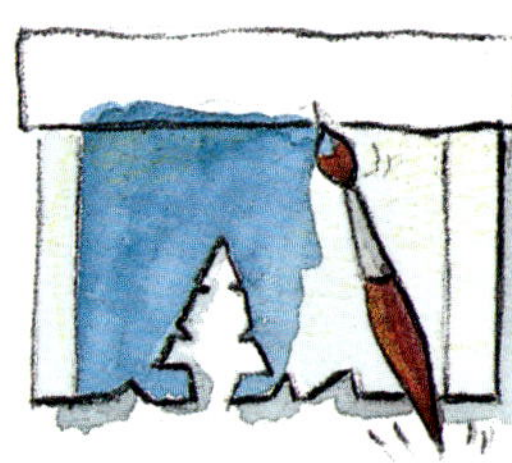

**7** Peignez le sapin de la deuxième carte en blanc.

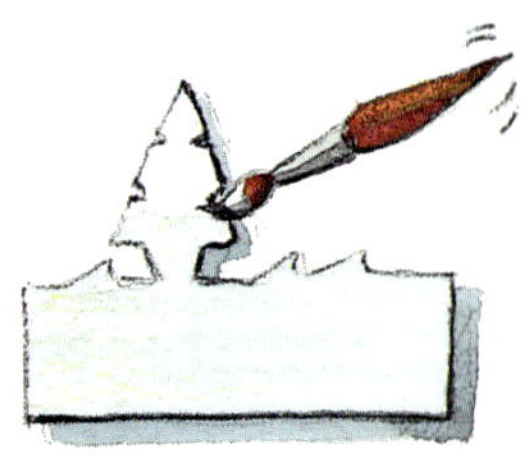

**8** Peignez les messages ***JOYEUX NOËL***, sur la première carte et ***BONNE ANNÉE*** sur la deuxième.

**PS** Envoyez la première partie à Noël et la deuxième une semaine après pour la nouvelle année !

# Poste automobile

2 boîtes à chaussures

carton ondulé ✗ gouache

boîte à œufs en carton

colle forte ✗ papier collant

pinceau ✗ ciseaux

5 boîtes de fromage fondu

**1** Collez les 2 boîtes à chaussures l'une sur l'autre en les décalant.

**2** Dans le carton ondulé, découpez un demi-cercle et un rectangle dont la largeur est égale au décalage des boîtes et la longueur égale au contour du demi-cercle.

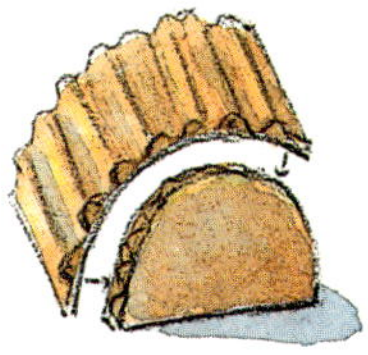

**3** Attachez ces 2 morceaux avec la colle et le papier collant (camouflez celui-ci à l'intérieur).

**4** Collez ce montage à l'avant de la voiture.

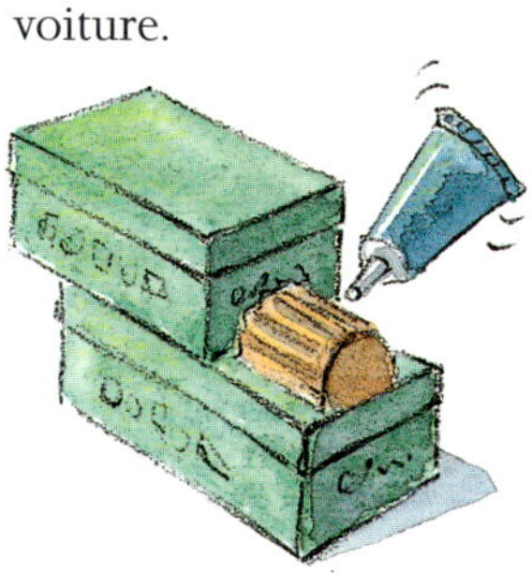

**5** Peignez les boîtes de fromage en noir (recto verso).

**6** Découpez les 2 garde-boue dans le carton ondulé.

**7** Peignez entièrement la voiture et les garde-boue.

**8** Découpez les 2 phares dans la boîte à œufs.

**9** Peignez l'intérieur des phares en jaune.

**10** Collez les quatr roues sur les côtés du couvercle de la boîte du dessous. Elle doivent toucher le sol.

1 Collez les garde-boue sur les roues avant et les ares sur le “moteur”.

12 Collez la roue de secours l’arrière) et un petit rton sur le couvercle ec pour inscription “***POSTE AUTOMOBILE***”.

**PS** Rangez votre courrier dans la voiture !

# Patrons

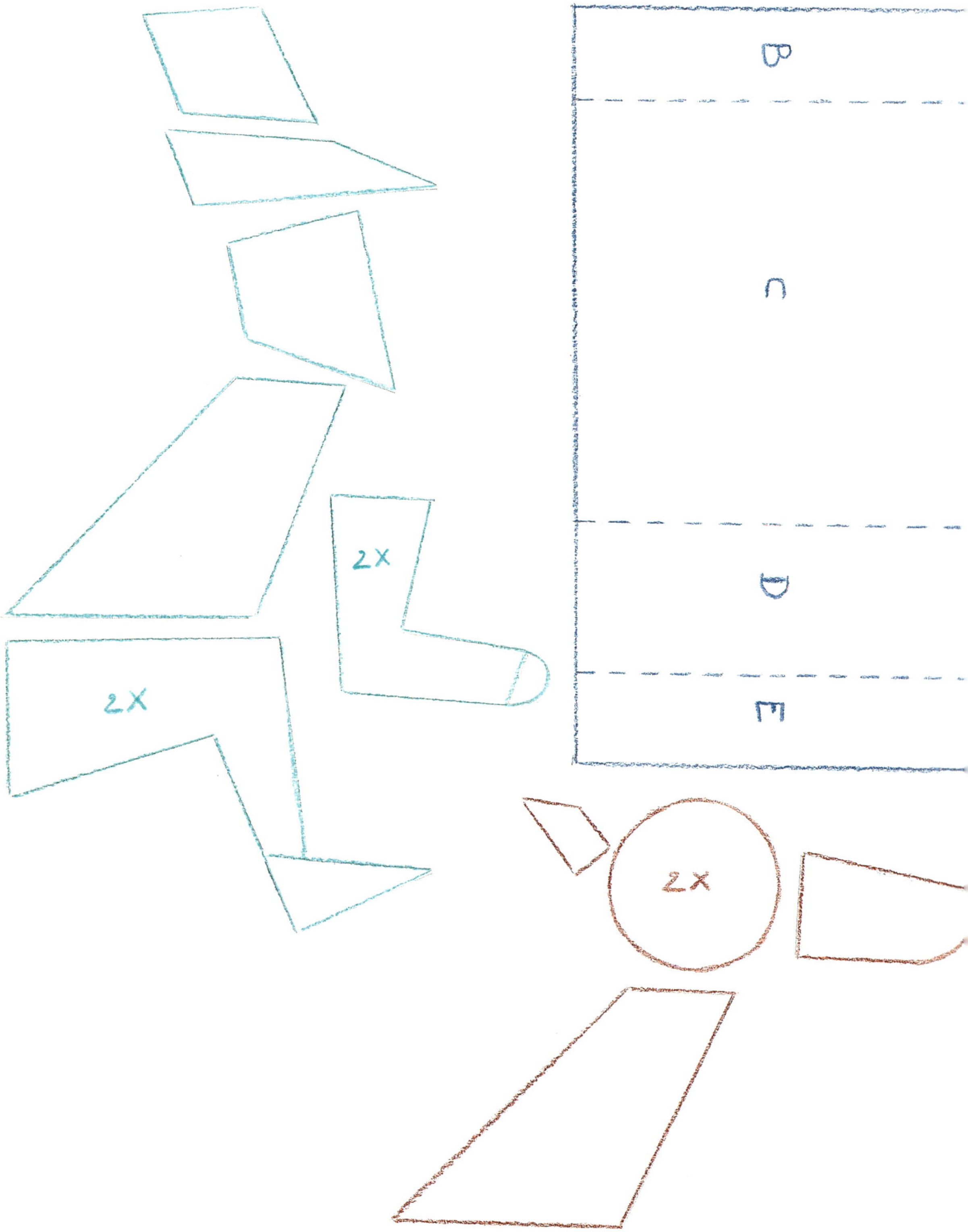


Imprimé en Belgique.
Dépôt légal : février 1995 ; D 1995/0053/2
Déposé au Ministère de la Justice, Paris
(loi n°49.956 du 16 juillet 1949 sur les publications destinées à la jeunesse).